Die Kunst der Gelassenheit

Zufriedenheit und innere Ruhe im Leben finden

Anselm Grün

Durch die Quelle des Heiligen Geistes komme ich in Berührung mit den Selbstheilungskräften, die in mir sind. Jeder von uns hat diese heilende Quelle in sich. Aber wir sind oft genug von ihr abgeschnitten. Jesus hat die Menschen durch sein Wort mit ihrer inneren Quelle in Berührung gebracht.

*Wenn Gott zu mir spricht,
dann entsteht in meiner
Seele ein tiefer Frieden, ich
fühle mich lebendig und frei.
Es entsteht in mir Weite und
ich komme mit der Liebe in
Berührung, die in mir ist.*

Das Ritual bringt mich in Berührung mit dem heiligen Raum in mir, der der Welt entzogen ist. Das ist heilsam für mich. Ich spüre den heiligen Raum der Stille in mir, in dem ich heil bin und ganz, frei und im Einklang mit mir selbst.

Das Gebet tut dem Menschen gut. Es lässt ihn mitten in der Hektik des Alltags aufatmen. Und es öffnet den Himmel über seinem Leben – und relativiert so all die Probleme, mit denen er sich täglich herumschlagen muss.

*Wer aus der Quelle des
Heiligen Geistes schöpft,
der wird nicht so schnell
erschöpft. Denn diese
Quelle ist unerschöpflich,
weil sie göttlich ist.*

Friedrich Nietzsche hat in der Freundschaft erfahren, wie die Freunde ihn in seinem mangelnden Selbstwertgefühl stützen. Er schreibt an seinen Freund Rohde: „Mit meinem Selbstgefühle steht es schwach und erbärmlich, und Ihr müsst mir immer wieder mich mir selbst gewährleisten.“ In der Freundschaft finde ich die eigene Mitte. Ich spüre mich. Und es wächst Selbstvertrauen. Weil einer mir ganz und gar vertraut, beginne ich, mir selbst zu trauen.

Wenn ich Musik nicht nur mit den Ohren höre, sondern sie in mein Herz hineinfallen lasse, dann wird das für mich oft zu einer tiefen spirituellen Erfahrung. Dann wird in mir etwas leicht. Dann werde ich für Gott durchlässig. Dann klingt etwas von der Vollendung in mir an. Dann erscheint Gott als der, der Leib und Seele erfreut und der meine tiefste Sehnsucht stillt. Dann öffnet sich mir ein Fenster zum Himmel und ich höre das Unhörbare mit.

Gerecht ist der Mensch, der seinem Wesen gerecht wird. Nur so wird er auch den anderen Menschen in seinem Alltag gerecht werden. Wer maßlos Ansprüche an sich selbst richtet, der wird nie satt. Nur wer seinem Wesen gerecht wird und so lebt, wie es seinem Innersten entspricht, der wird satt werden und inneren Frieden finden.

In der Edda heißt es „Jung war ich einst, einsam zog ich, rauh war mein Weg. Glücklich war ich, als den Gefährten ich fand." Wenn ich alleine meinen Weg ziehen muss, wird alles schwerer. Mit dem Gefährten an der Seite finde ich leichter meinen Weg, und ich erfahre Schutz und Geborgenheit.

Wenn ich still meditiere, werden Gedanken und Gefühle in mir hochkommen. Aber ich stelle mir vor: Sie sind wie Wellen, die oben auf dem Meer tosen und schäumen. Und: Je tiefer ich in der Meditation nach unten steige, desto ruhiger wird es in mir.

Nur wenn ich mich der eigenen Wahrheit stelle, kann ich zur Ruhe kommen. Das gelingt aber nur, wenn ich meine Wahrheit nicht bewerte, sondern sie in die Wahrheit Gottes hineinstelle. Und in Gottes Wahrheit darf alles sein, was in mir ist.

Doch nur der hört das Unhörbare, der sich ganz dem Hören überlässt und der ganz Ohr ist. Im Horchen hören wir nicht nur die Musik, die in uns eindringt, sondern auch immer die Stimmen im eigenen Herzen. Wir kommen durch die äußeren Töne mit der Stimme und Stimmung unseres Herzens in Berührung.

Wenn ich mir am Morgen ein Ritual gönne – etwa ein kurzes Gebet oder eine Gebärde oder eine Meditation –, dann ist diese Zeit des Rituals für mich eine heilige Zeit. Die heilige Zeit des Rituals gehört mir. In ihr kann ich aufatmen. In ihr haben die Menschen keine Macht über mich.

Ein wichtiger Weg zur inneren Quelle ist das Gebet. Indem ich meine Gedanken und Gefühle Gott hinhalte – in dem Vertrauen, dass Gott mir antwortet, entweder in den leisen Impulsen meines Herzens oder in dem inneren Frieden, der im Gebet entsteht.

In der Freundschaft berühre ich das Herz des anderen
mit all seinen Höhen und Tiefen. Ich spüre, was er fühlt
und denkt. Ich sehe, was ihn bewegt und bedrängt.
Ich verzichte darauf, zu beurteilen und zu bewerten.
Ich schaue einfach hin und nehme alles so, wie es ist.

In der Spiritualität machen wir die Erfahrung innerer Freiheit. Wir definieren uns nicht von den Maßstäben dieser Welt, von den Erwartungen der Menschen, von Erfolg oder Misserfolg, Anerkennung oder Ablehnung. Gerade weil wir frei sind von der Herrschaft dieser Welt, können wir sie gestalten und uns für eine menschlichere Welt einsetzen.

Der Freund an der Seite ist wie ein Vogel, der mich auf dem beschwerlichen Weg meines Lebens emporhebt, damit ich leichten Schrittes den Weg weitergehen kann, ohne über jeden Stein zu stolpern, der sich mir in den Weg legt. Das Gespräch mit dem Freund relativiert die Probleme und lässt sie mich in einem anderen Licht sehen.

Wer sich auf den spirituellen Weg einlässt, wer mit ganzem Herzen Gott sucht und auf diesem Wege die Liebe zu den Menschen lernt, der gewinnt das Leben, der ist dankbar für das, was in ihm aufblüht und zum Segen wird für ihn und für die Welt.

Wenn ich aus der Quelle des Geistes Jesu schöpfe, dann bekomme ich frische und neue Ideen. Ich werde nicht so schnell müde. Ich vertraue darauf, dass in mir innovative Gedanken sind, die mir neue Wege im Alltag aufzeigen.

Im Hören von Musik
bekommt unsere
Seele Nahrung. Sie
kommt mit sich selbst
in Berührung und sie
beginnt zu leben.
Im Hören kommt die
Seele in Schwingung.
Sie bekommt Flügel.
Sie hebt sich über das
Irdische und Vorder-
gründige hinweg.

Indem wir Jesu Barmherzigkeit in uns einströmen lassen, werden wir selbst barmherziger – mit uns und mit den Gedanken und Gefühlen, die während der Meditation in uns ständig auftauchen.

Rituale erinnern mich daran, dass ich immer und überall von Gottes heilender und liebender Nähe umgeben bin, dass ich von Gott gesegnet bin und dass alles, was ich in die Hand nehme, von Gott gesegnet ist und dass ich so für die Menschen zum Segen werden kann.

Wenn Lieder in der Seele erklingen, dann fängt sie an zu beben. Dann bewegt sie sich innerlich und bringt auch den Menschen zum Schwingen. Das Lied, das in der Seele erklingt, bringt uns in Berührung mit unserem wahren Wesen und mit unserer inneren Ahnung von einem erfüllten und glücklichen Leben.

Die Texte sind entnommen aus folgenden Veröffentlichungen von Anselm Grün:
Spiritualität; Ich wünsch' dir einen Freund; Höre, so wird deine Seele leben

Sämtliche Werke: © Vier-Türme GmbH, Verlag, D-97359 Münsterschwarzach Abtei

Alle Abbildungen von Fotolia:
Coverfoto serena16, S. 2/3 ivan kmit, 4/5 emmi, 6/7 Bspieler, 8/9 gandolf, 10/11 victor zastol'skiy, 12/13 Stefan Körber, 14/15 Uschi Hering, 16/17 Laurent Renault, 18/19 Andreas, 20/21 terranova_17, 22/23 Steve Schwettman, 24/25 Christian Pedant, 26/27 Monia, 28/29 Miredi, 30/31 Rico K., 32/33 Ben Heys, 34/35 ArnLay, 36/37 Ewald Fröch, 38/39 vsurkov, 40/41 Andrejs Pidjass, 42/43 Andrew Kazmierski, 44/45 Irochka, 46/47 Yanterric

Gesamtherstellung: KOMET Verlag GmbH, Köln

ISBN 978-3-86941-120-0

www.komet-verlag.de